L 5. 32

L 5. 32.

MÉMOIRE

SUR L'EXPLORATION

D'UN ANCIEN CIMETIÈRE ROMAIN

SITUÉ A GIÈVRES, DÉPARTEMENT DE LOIR-ET-CHER,

ET

SUR LA DÉCOUVERTE DE L'EMPLACEMENT

De l'ancienne Gabris.

Par M. Jollois, Ingénieur en chef du Loiret,

Membre de plusieurs Sociétés savantes.

Extrait du tome XI des Annales de la Société Royale des Sciences, Belles-Lettres et Arts d'Orléans.

ORLÉANS.
DANICOURT-HUET, IMPRIMEUR DE LA SOCIÉTÉ DES SCIENCES,
RUE ROYALE, n° 94.

1830.

MÉMOIRE

SUR L'EXPLORATION

D'UN ANCIEN CIMETIÈRE ROMAIN

SITUÉ A GIÈVRES, DÉPARTEMENT DE LOIR-ET-CHER,

ET

SUR LA DÉCOUVERTE DE L'EMPLACEMENT

De l'ancienne Gabris.

Dans la notice (1) que nous avons publiée sur le résultat des nouvelles fouilles entreprises à la fontaine l'Etuvée, près d'Orléans, nous avons eu l'occasion de signaler les découvertes faites en Sologne, dans un ancien cimetière situé à Gièvres, sur les bords du Cher. Ces découvertes sont dues au zèle ardent et à l'amour pour les arts de M. le docteur Moreau, médecin des armées, aujourd'hui retiré à Romorantin. M. Moreau, dont l'attention avait été éveillée par quelques trouvailles de vases et de médailles faites dans un champ situé non loin de la rivière du Cher, s'empressa de se rendre acquéreur du champ contigu à celui-là, afin de l'explorer avec méthode, et dans la vue de se livrer aux recherches archéologiques que l'observation des faits pouvait lui suggérer. C'est ainsi qu'il s'est procuré des médailles, et surtout une grande quantité de vases de toutes les formes, dont il sera question dans ce mémoire.

Il eût été fort à désirer que M. Moreau se fût décidé à faire connaître lui-même au public le résultat de ses recherches. La connaissance particulière qu'il a des localités, les fouilles qu'il a entreprises avec une persévérance et un

(1) Voyez le tome VII des Annales de la Société, pag. 158.

discernement remarquables, lui donnaient en cette circonstance toutes sortes d'avantages. Mais il a voulu que nous entreprissions ce travail, et nous avons cédé à ses instances.

Nous allons donc rendre compte des faits que nous avons observés lors de l'exploration que nous avons faite du cimetière antique de Gièvres en 1824 et 1825.

Situation topographique du cimetière de Gièvres.

Le cimetière antique de Gièvres est situé à peu de distance de la route de Bourges à Tours, déjà pratiquée au temps des Romains, et indiquée, dans la table de Peutinger, de *Cæsarodunum* à *Avaricum*. La pièce de terre qui le renferme pour la plus grande partie, et qui appartient à M. Moreau, est dirigée, dans sa longueur, du nord-est au sud-ouest. Elle a une pente assez prononcée dans ce sens, de manière que vers le milieu du champ on perd de vue les maisons du village de Gièvres, et l'on n'aperçoit plus que la pointe de son clocher, situé un peu à droite en regardant le nord (1).

A l'occident du cimetière antique de Gièvres passait une voie romaine, dirigée du nord-est au sud-ouest, traversant le Cher à Chabris, et passant par Romorantin, Chaumont, Millançay, où l'on trouve des vestiges antiques ; Neung, qui offre l'emplacement d'une ville romaine et un cimetière riche en antiquités de l'époque des Romains; La Ferté-St-Aubin, et Orléans. Au-delà de Chabris, cette route passait à Estré-St-Genoux près Palluau, La Roche-Pozai, et arrivait à Poitiers, en sorte que les points extrêmes de cette antique communication, consignée sur la table théodosienne ou de Peutinger, étaient *Genabum* et *Limonum* (2). La commune de Villedieu, sise sur la rive droite du Cher, et celle de Chabris, située sur la rive gauche, sont, l'une à l'ouest du cimetière antique, et l'autre au sud. Ce cimetière n'existe pas seulement dans le champ appartenant à M. Moreau, ainsi que nous l'avons dit; il s'étendait encore dans la pièce de terre voisine, où les premières découvertes d'antiquités ont été faites, et où l'on a bâti récemment une auberge (3) dont on se promet un bon produit, lorsque le canal du Cher, qui passe tout près de là, aura reçu son exécution.

(1) Voir la Vue lithographiée de Gièvres et du cimetière romain de Gabris, planche 2.
(2) Voir l'extrait de la carte routière de France, dressée à l'administration des ponts-et chaussées, joint à ce mémoire, pl. 1.
(3) Voir la planche 2.

Fontaine de l'Erable.

Non loin de cette auberge, et tout-à-fait sur le bord de la route, existe une fontaine qui porte le nom de *Fontaine de l'Erable*. Elle est remarquable par la pureté et la limpidité de ses eaux. On raconte à son sujet une fable que la tradition a conservée, et qui paraît remonter à une haute antiquité. Les gens de Gièvres disent qu'au temps de l'existence de l'ancienne ville, cette fontaine devint un gouffre qui menaçait d'engloutir la contrée, et que ses habitans ne parvinrent à conjurer ce malheur qu'en jetant toutes les toisons de leurs moutons dans ce gouffre, qui fut alors comblé. Les explications de cette fable ne manquent pas, et ceux qui la rapportent au culte du soleil y voient rappelée l'influence du bélier équinoxial du printemps, qui fait cesser les ravages de l'hiver et ramène la belle saison; mais nous nous garderons bien de nous livrer à des interprétations conjecturales. Il nous suffit d'avoir constaté une ancienne tradition.

Ustrinum du cimetière antique de Gièvres.

Près du cimetière antique, dans la région du sud, on voit un petit lac; ou plutôt une mare (1), qui a dû exister fort anciennement; elle est sise dans un bas-fond. C'est sans doute là qu'on lavait les corps avant de les placer sur les bûchers élevés dans l'*ustrinum* (2) situé non loin de là. Nous avons reconnu des vestiges évidens de cet *ustrinum*. Les fouilles que nous y avons fait exécuter ont mis à découvert une aire de deux mètres vingt-cinq centimètres à deux mètres soixante centimètres de long sur un mètre trente centimètres à un mètre soixante centimètres de large, qui ne présentait autre chose que le sol naturel. En défonçant ce sol, nous avons remarqué que le sable qui le forme avait pris, par l'effet du feu, une teinte rougeâtre, et que les cailloux mêlés au sable s'étaient agglomérés

(1) Nous avons visité de nouveau ce local le 11 août 1829. Tout y était déjà changé; le cimetière n'est plus reconnaissable; il a été transformé en un jardin anglais. Les restes de l'*ustrinum* ont disparu, et le petit lac est aujourd'hui un vivier dont les eaux sont continuellement renouvelées par la fontaine de l'Erable, qui a ses véritables sources dans la propriété même.

(2) Il y avait dans chaque ville un espace entouré de murs où l'on brûlait les corps des pauvres qui ne laissaient pas assez de bien pour avoir les honneurs d'un bûcher particulier. (Voir l'article *Bûcher* du Dictionnaire des antiquités de l'Encyclopédie méthodique.) Le lieu dont il est ici question, éloigné sans doute des habitations, n'a point été entouré de murs, du moins on n'en aperçoit aucun vestige.

ensemble de manière à former un tout compact et parfaitement résistant. Sur cette aire nous avons trouvé une couche de charbon d'un à deux pouces d'épaisseur, sur lequel reposait une masse d'os calcinés. Il est à présumer que ce que nous avons vu est le dernier état de *l'ustrinum*, à l'époque de la dernière inhumation. En effet, on a dû mettre d'abord la couche de bois destinée au bûcher, puis y placer le corps, qui a laissé le résidu d'os calcinés que nous avons trouvé. Il est probable qu'il y a eu sur la même ligne plusieurs emplacemens semblables à celui que nous venons de décrire pour brûler les corps; car, pour peu que la ville ancienne, qui alimentait le cimetière et dont nous signalerons bientôt les vestiges, fût un peu considérable, un seul de ces emplacemens n'eût pas suffi. Aussi, en exécutant des fouilles dans le champ contigu à la propriété de M. Moreau, en avons-nous trouvé un tout-à-fait semblable à celui dont il vient d'être ici question. Nous y avons remarqué des agglomérations plus considérables encore d'os calcinés.

Les aires destinées aux bûchers étaient établies sur une ligne dirigée à peu près de l'est à l'ouest. Nous avons fait ouvrir une tranchée dans cette direction, et nous n'avons trouvé que quelques monceaux de cendres, sans rencontrer aucun des objets antiques que nous a procurés l'exploration de l'intérieur du cimetière; d'où nous avons conclu, sur les lieux mêmes, que les inhumations n'avaient plus lieu au-delà de la ligne des bûchers de *l'ustrinum* du côté du sud.

Gissement des vases et autres objets antiques trouvés dans les fouilles.

Avant de faire connaître en détail les objets antiques que les fouilles ont mis à découvert, nous devons indiquer quel était en général leur gissement.

La plupart des vases étaient seulement à 15 ou 20 centimètres au-dessous du sol. Aussi est-il arrivé que beaucoup d'entre eux ont été déplacés et renversés par le soc de la charrue. Nous avons trouvé néanmoins la plus grande partie dans la place primitive où ils avaient été mis. Ces vases sont réunis en groupes qui paraissent avoir été formés à dessein; mais le plus souvent aussi ils sont entièrement isolés.

Les grands vases, tels que les amphores, étant, comme tous les autres vases, placés debout, leur goulot n'était pas à une plus grande profondeur au-dessous du sol que celle que nous venons d'indiquer. De là vient que l'on a trouvé si peu de ces vases intacts, bien qu'ils aient dû être très-nombreux, si l'on en juge par leurs débris multipliés qui couvrent en quelque sorte le sol.

Un fait digne de remarque, c'est que les fouilles du cimetière de Gièvres ont produit un grand nombre de clous (1), dont la forme ne diffère point de ceux dont nous nous servons encore aujourd'hui. Ces clous sont tellement oxidés, que la rouille ayant pénétré jusqu'au cœur, ils sont devenus cassans et en quelque sorte friables. Ils sont à l'état d'oxide noir de fer, offrant une cassure un peu brillante. La présence de ces clous est assez difficile à expliquer, à moins qu'ils ne proviennent de coffrets (2) en bois, qui renfermaient des choses précieuses ayant appartenu aux morts, et que l'on confiait à la terre avec leurs cendres. Cependant, dans le nombre des clous que nous avons trouvés, il y en a de fortes dimensions qui ne paraissent point avoir pu servir à l'usage que nous venons d'indiquer. Il est à présumer qu'ils n'étaient déposés autour des urnes cinéraires que par suite de croyances qui ne sont pas arrivées jusqu'à nous.

Les fouilles ont produit un assez grand nombre de médailles, notamment du règne de Claude. Nous les ferons bientôt connaître en détail.

Nous avons aussi trouvé un fragment de miroir métallique de forme circulaire, et composé d'un alliage susceptible de prendre et de conserver un très-beau poli. Le fragment dont il est ici question pourrait encore, en effet, remplir sa destination première, malgré son long séjour dans la terre, et ce n'est que çà et là qu'on aperçoit des taches d'oxide verdâtre, qui annonce la présence du cuivre. L'alliage dont ce miroir (3) est formé est aigre et cassant, et

(1) Le fait que nous énonçons ici a beaucoup d'analogues. Voir, entre autres, le tome v des Mémoires de la Société royale des antiquaires de France, qui contient un mémoire sur les fouilles et recherches d'objets d'antiquités, faites dans le canton de Saignes, arrondissement de Mauriac, département du Cantal, par M. Diribier, maire d'Ides, pag. 313.

(2) Consulter le tome vii des Mémoires de la Société royale des antiquaires de France, qui renferme une notice de quelques antiquités trouvées dans le canton de Pont-Gibaud, pag. 220. L'auteur, M. Bouyon, rapporte qu'autour d'un bloc formé de deux pierres creuses, renfermant une urne en verre, était un amas de cendres surmonté de poussière de bois pourri, avec des clous épars tellement oxidés qu'ils se rompaient sans effort. Il est très-probable que cette poussière de bois ne provenait que de la destruction d'un coffret dont les différentes parties étaient assujetties avec des clous.

L'usage et la destination de certains objets ne pouvant se conclure d'un fait isolé, l'ensemble et la réunion d'un grand nombre de faits analogues conduisent souvent à les faire connaître. C'est ce qui nous a déterminé à faire ici des rapprochemens qui changent en certitude ce qui ne paraissait d'abord qu'une conjecture probable.

(3) M. de Caylus donne, dans le tome v de son Recueil d'antiquités, pag. 173, la description de miroirs métalliques semblables à celui dont nous avons trouvé un fragment.

d'une couleur blanche tirant sur le gris. La présence de ce fragment dans les fouilles de Gièvres, celle d'anneaux et de fibules, comme on le verra bientôt, confirment la coutume qu'avaient les anciens d'enfouir avec la cendre des morts les objets de luxe qui leur avaient été agréables pendant leur vie. (1). Mais nous reconnaîtrons aussi qu'on enfouissait encore des vases à boire, ou destinés à contenir des liquides, des plats, des assiettes, et différens autres ustensiles domestiques. On sait d'ailleurs qu'on allait jusqu'à renfermer dans les tombeaux des vivres(2) mêmes, dont on supposait que les morts avaient besoin dans l'autre monde.

Les fouilles du cimetière antique de Gièvres nous ont rendu possesseur d'un anneau en cuivre recouvert d'une belle patine antique. Il pouvait aller au petit doigt d'une jeune femme. Nous avons également trouvé une fibule ou sorte d'épingle en cuivre.

Nous avons dit que les vases étaient réunis quelquefois en groupes. Nous allons donner la description de l'un de ces groupes, qui a été découvert sous nos yeux.

Description d'un groupe de vases.

Il est nécessaire de faire observer ici que le terrain du cimetière antique de Gièvres n'est qu'une espèce de sable de couleur jaunâtre, et que, lorsque nos fouilleurs étaient au travail, ils étaient presque toujours avertis de quelque trouvaille par l'aspect noirâtre du sol, provenant du mélange du sable avec des cendres et du charbon. C'est dans des circonstances tout-à-fait pareilles qu'a été trouvé notre groupe. Il se compose de deux urnes cinéraires (voir la figure 3 de la planche 3), d'une poterie commune qui n'a reçu qu'une demi-cuisson. La couleur de ces urnes est brune; elles ont huit à neuf centimètres de hauteur et un diamètre à peu près pareil. L'une d'elles, qui était vide, était

D'après l'analyse chimique qui en a été faite et qu'il cite, ces miroirs offraient un alliage de cuivre, d'antimoine et de plomb.

(1) Cet usage paraît s'être perpétué jusqu'à nos jours dans quelques contrées de la France. Dans l'arrondissement de Lons-le-Saulnier on a coutume de jeter dans la fosse un des meubles pour lesquels le défunt avait montré une prédilection particulière : c'est ordinairement un verre, une écuelle, quand il avait aimé la boisson, ou un instrument de son métier quand il y avait excellé.

(Extrait d'un mémoire de M. Mounier sur les vestiges d'antiquités observées dans le Jurassien, tome IV des Mémoires de la Société royale des antiquaires de France, pag. 366.)

(2) On retrouve du pain, des dattes, du blé, des œufs, etc., dans les tombeaux de l'Egypte et de la Grèce.

recouverte par une espèce de vase à téter (1), destiné sans doute à faire boire un enfant. Ce vase est de forme ronde et aplatie, percé à sa partie supérieure d'un orifice par lequel on introduisait la liqueur, et offrant sur le côté l'espèce de tétin par lequel on aspirait la boisson. L'orifice était fermé par une médaille (2) en bronze de l'empereur Claude, d'une conservation parfaite, et revêtue d'une belle patine antique. Voici l'exergue qui entoure la face :

TI. CLAVDIVS. CÆSAR. AVG. P. M. TR. P. IMP.

Au revers est une figure debout, casquée, la tête tournée à gauche. Le bras gauche est appuyé sur la haste ; le bras droit est élevé en l'air, et l'index de la main est approché de la bouche ; la figure est drapée ; de chaque côté sont les deux sigles S C. Ce revers a pour exergue CONSTANTIÆ AVGVSTI.

La petite urne placée à côté de celle dont il vient d'être question renfermait des restes d'os brûlés et des cendres. Le tout était recouvert d'un plat un peu creux, en poterie commune et avec un rebord.

Ce petit monument funéraire, car nous croyons pouvoir le qualifier ainsi, nous paraît tout-à-fait expressif et porter avec lui son explication. Il a sans doute été destiné à consacrer la mémoire d'un enfant chéri, ce qui paraît indiqué par l'espèce de biberon et par l'assiette qui étaient à son usage. L'époque du monument nous semble aussi clairement indiquée par la présence de la pièce de monnaie dont la conservation parfaite annonce qu'elle a été choisie à dessein, et qu'elle n'a point été dans la circulation. Cette médaille était sans doute le denier de passage que les anciens mettaient dans la bouche des morts, ou renfermaient dans leurs tombeaux pour acquitter le tribut exigé par le terrible nocher. Ainsi, notre petit monument a été confié à la terre au premier siècle de l'ère chrétienne, à dix huit cents ans environ de notre époque.

Description des vases trouvés dans le cimetière antique de Gièvres.

Le vase le plus remarquable qu'aient produit les fouilles du cimetière antique de Gièvres est la grande urne ou amphore (3) représentée planche 3, figure 5,

---

(1) Voir un vase tout-à-fait pareil dessiné sous le n° 8 dans la planche 5.
(2) Voir le dessin de cette médaille, planche 3, figure 4.
(3) M. de Caylus, dans la planche 102, figure v du second volume de son Recueil d'antiquités, donne le dessin d'une amphore absolument semblable à celle dont il est ici question, ayant trois pieds de hauteur et onze pouces de diamètre. Ces sortes de vases sont désignés par les Romains sous le nom de *testa*, *diota*. On s'en servait pour mettre du vin, de l'huile, ou d'autres liqueurs nécessaires aux besoins de la vie. (Voyez le volume cité, pag. 351.)

au huitième de la grandeur naturelle. Elle a un mètre dix centimètres de hauteur et quatre-vingt-huit centimètres de circonférence, ou vingt-neuf centimètres de diamètre, dans l'endroit où le renflement est le plus considérable. Sa forme est d'une grande élégance, son col est accompagné de deux anses. Elle se termine en pointe, pour être fichée en terre ou dans le sable, ainsi que le pratiquaient les anciens. Les parois de l'orifice du vase ont près de deux centimètres d'épaisseur. Cette urne ou amphore est d'une poterie dont la pâte est assez fine, sans être comparable toutefois à celle des vases de terre rouge. On y remarque çà et là quelques parcelles de mica provenant sans doute du sable employé dans sa composition. L'orifice de l'amphore était fermé par une coupe représentée séparément planche 4, figure 1, à moitié de sa grandeur naturelle. Ce grand vase était enfoui debout, et ne se trouvait qu'à seize ou vingt centimètres au-dessous du sol. Le soc de la charrue en avait brisé le col et les deux anses, qui ont été retrouvés sur place. Nous mîmes le plus grand empressement à reconnaître ce que renfermait cette amphore déterrée sous nos yeux; nous acquîmes bientôt la conviction qu'elle était presque vide. En la renversant, il n'en sortit qu'un peu de sable que les eaux pluviales avaient sans doute entraîné dans le fond.

Quelle était la destination de cette urne, puisqu'elle ne contenait ni os ni cendres? A-t-elle été placée toute vide dans le cimetière antique de Gièvres en mémoire de quelque mort dont le souvenir était cher, et qui avait péri sur une terre étrangère, loin de ses parens et de ses amis? ou bien était-elle remplie d'une liqueur que le temps aura fait disparaître? Quant à cette dernière hypothèse, nous devons consigner ici qu'on n'aperçoit dans l'intérieur du vase aucun dépôt qui annonce l'existence d'une liqueur quelconque. Le sol du cimetière est parsemé de débris de ces grandes urnes, parmi lesquels nous avons reconnu des fonds de ces vases, et nous n'y avons remarqué aucune apparence de dépôt. Il faut espérer que des découvertes faites dans des circonstances plus favorables pourront jeter quelque lumière sur les faits que nous venons d'énoncer.

Une autre urne (1) ou amphore d'une forme un peu différente, moins élégante et d'une poterie plus commune, a été le résultat des fouilles faites par M. le docteur Moreau. Elle a, dans sa partie conservée, quatre-vingt-huit centimètres de hauteur, et il est probable que si son goulot existait, elle n'aurait guère moins de hauteur que la précédente. Sa circonférence, dans le plus

(1) Cette urne se trouve dans les mains de M. Pacaut fils, au zèle duquel on doit la conservation des objets trouvés dans les fouilles du grand cimetière d'Orléans.

grand renflement, est de soixante-dix-huit centimètres; sa couleur est d'un blanc un peu jaune; son goulot devait différer sensiblement de celui de l'amphore que nous venons de décrire. Elle a été trouvée également vide, ou ne renfermant que du sable que les eaux y avaient entraîné.

À côté de ces deux grandes amphores, nous devons citer les fragmens que nous avons trouvés d'un vase non moins considérable, mais d'une forme qui se rapproche beaucoup de celle des petites urnes dont nous avons déjà parlé. La largeur de son orifice supérieur était de quarante-deux centimètres, et il n'est guère douteux que son diamètre intérieur, à l'endroit du plus grand renflement, ne fût de cinquante à soixante centimètres. La pâte de ce grand vase est assez fine et de couleur rougeâtre : elle a reçu un certain degré de cuisson.

La forme des petits vases déterrés dans le cimetière antique de Gièvres ne laisse pas d'être variée. Nous en avons extrait des fouilles une grande quantité comme celui représenté planche 3, figure 2, et pour ainsi dire de toutes les grosseurs. Ce sont des espèces de bouteilles à ventre très-renflé, à goulot fort étroit, et n'ayant qu'une seule anse. Nous avons cependant trouvé quelques-uns de ces vases à deux anses. Cette poterie est d'une grande légèreté. Elle a reçu un degré de cuisson assez fort, mais non pas tel qu'elle puisse tenir l'eau parfaitement. Elle ne la tient pas au moins dans l'état où nous l'avons trouvée. Cette poterie a, à l'extérieur, un ton rosé, qui paraît dû à un léger vernis appliqué sur la pâte, dont la couleur est blanche et tire quelquefois sur le rouge. Nous avons dans notre collection neuf vases de même forme, mais de grosseurs différentes, présentant tous la même apparence. Le plus grand de ces vases a vingt-six centimètres de hauteur et une circonférence de quarante-deux centimètres, et le plus petit une hauteur de treize centimètres et une circonférence de vingt-cinq centimètres. Ces vases ont été trouvés isolés, et, chose digne de remarque, ils étaient tous vides ou ne contenaient qu'un peu de sable. Nous avons rempli d'eau celui qui fait l'objet de notre examen. Une portion du liquide n'a pas tardé à être absorbée par le vase même, et bientôt après l'eau a suinté à travers les pores, à la manière de ces vases réfrigérans dont les anciens faisaient usage, et que les Égyptiens emploient encore aujourd'hui pour se procurer l'eau du Nil bien rafraîchie. Ayant pris par l'anse, afin de le vider, ce vase qui contenait de l'eau depuis un jour entier, il s'en est détaché et s'est brisé en morceaux. Nous avons pu reconnaître alors que toute la poterie était imprégnée d'humidité, au point que l'espèce de couverte rosée qui était à sa surface extérieure était devenue presque molle.

La perméabilité de ces vases proviendrait-elle seulement de ce qu'ils ont été enfouis durant des siècles, ou ne serait-elle due qu'à une demi-cuisson? c'est ce qu'il est difficile de décider. Lorsqu'ils ont été confiés à la terre renfermaient-ils quelque liqueur? rien ne nous porte à le conclure; car il est vrai de dire que la plupart de ces vases, que nous avons trouvés brisés, ne nous ont présenté dans l'intérieur rien qui annonçât le dépôt d'une liqueur quelconque.

Les fouilles du cimetière antique de Gièvres ont mis à découvert une grande quantité de vases de la forme de celui représenté planche 3, figure 1. Ils ont un large ventre et s'élèvent sur un piédouche qui ne manque pas d'une certaine élégance. Ils n'ont qu'une anse, et présentent des grosseurs et des dimensions différentes. Le vase dont il est ici question a vingt centimètres de hauteur, et une circonférence de quarante centimètres. Ces vases sont encore d'une légèreté plus grande que ceux que nous venons de décrire. Leurs parois ont à peine trois millimètres d'épaisseur; ils ont à l'extérieur cette couleur rosée dont nous avons parlé.

Quelle était la destination de ces vases? Quelle espèce de liqueur contenaient-ils, ou n'en renfermaient-ils pas du tout? c'est ce qu'il est fort difficile de déterminer. S'ils avaient renfermé les parfums que l'on versait sur les bûchers aux funérailles des morts, ils en auraient conservé des traces. Ce qu'il y a toujours de fort remarquable, c'est qu'une poterie si légère se soit conservée dans le sein de la terre aussi long-temps; car, ainsi que nous l'avons conclu précédemment, dans le nombre de ces vases il y en a qui remontent certainement jusqu'au premier siècle de l'ère chrétienne.

La figure 9 de la planche 5 présente la configuration d'un vase dont la forme ne manque pas de grâce; il est remarquable par l'espèce de cordon qui règne dans sa partie intermédiaire.

Parmi les vases qui n'ont qu'une seule anse, nous devons faire remarquer celui représenté planche 5, figure 7. Le goulot, qui sans doute était fort élancé, et l'anse, n'existent plus; mais ce qui reste du vase laisse assez voir qu'il devait être d'une grande élégance. Il présente un ornement de feuilles d'un fort bon goût.

Nous avons aussi trouvé des vases à trois anses, dont celui représenté planche 5, figure 14, peut donner une idée. C'est la même nature de poterie que celle de tous les vases que nous avons décrits jusqu'à présent; c'est la même légèreté.

Les fouilles du cimetière de Gièvres nous ont présenté très-fréquemment des vases de la forme de celui figuré sous le n° 15, planche 5. Ils sont en tout semblables aux vases à anses que nous avons décrits, pour la nature de la pâte, la légèreté, et la couleur rosée qu'ils présentent à l'extérieur. Il ne nous est pas plus facile d'indiquer leur destination que celle de la plupart des vases dont nous avons déjà fait l'énumération.

Nous avons assez fréquemment recueilli des vases de la forme de celui représenté figure 8, planche 5. C'étaient des espèces de biberons qui devaient particulièrement servir aux enfans. C'est toujours la même espèce de poterie légère, perméable, et de couleur rosée à l'extérieur.

Un vase qui avait sans doute la même destination que le précédent, est représenté figure 11, planche 5; il est d'une assez jolie forme.

Nous rangeons dans la classe des vases à boire ceux représentés figures 4 et 5 de la planche 5. Celui de la figure 5 est d'une poterie plus légère encore que tous ceux dont il a été fait mention; il est orné de guillochis dans les deux tiers de sa hauteur.

Le petit vase représenté figure 2, sur la planche 5, est d'une forme assez élégante; il est de couleur noirâtre et onctueux au toucher. On doit présumer que cette qualité est due à la composition de la pâte, dans laquelle il entre une argile plus fine. Il est à croire aussi qu'elle provient en partie du vernis noir dont la surface extérieure est revêtue. Ce vase était peut-être destiné à renfermer des parfums.

Un des vases les plus singuliers qu'aient présentés les fouilles de Gièvres est, sans contredit, celui dessiné sous le n° 1 sur la planche 5. Il présente la forme d'un lapin; il a été revêtu d'un vernis brillant de couleur jaunâtre, qui s'est écaillé et a subi des altérations notables durant son long séjour dans la terre. Nous l'avons rempli d'eau, et il n'a pas tardé à la laisser suinter par tous ses pores. Ce vase est si grossièrement travaillé, qu'au premier abord on le croirait sorti de l'une de nos manufactures de poteries les plus communes ; mais le lieu où il a été trouvé ne peut laisser aucun doute sur son antiquité. D'ailleurs, les produits des arts des anciens n'étaient pas tous de la plus grande perfection. Le peuple avait, dans ces temps reculés, comme aujourd'hui, des objets grossiers fabriqués à son usage.

C'est ici le lieu de faire remarquer que peut-être la partie du cimetière de Gièvres que nous avons explorée n'était pas destinée à la classe élevée de la société, car on n'y a trouvé que peu ou point d'objets précieux attestant le luxe des sépultures, tels que de grandes urnes en beau verre de diverses couleurs, tantôt uni et tantôt empreint d'ornemens recherchés, des médailles, des anneaux et des chaînes d'or, ou d'autres objets de prix.

Le vase qui nous occupe annonçait-il l'intention de rappeler que le mort en souvenir de qui il a été déposé dans la terre était un chasseur? ou bien était-ce un vase pour lequel le défunt avait une affection particulière, ou qui était spécialement à son usage?

Le numéro 10, planche 5, est une petite urne cinéraire. Nous avons trouvé de ces sortes de vases en quantité considérable dans nos fouilles. Celui-ci est d'une couleur tirant sur le rouge; mais le plus grand nombre est d'une couleur noire ou bistrée, qui paraît être due à l'application d'un vernis : cependant la couleur de la pâte est noire. Nous avons recueilli plus de cinquante vases de cette sorte, sans compter ceux qui ont été brisés dans l'extraction, parce qu'ils étaient pourris et consommés par l'humidité, ou qu'ils se sont rencontrés sous la bêche de l'ouvrier. La plus grande partie de ces vases renfermait des débris d'os brûlés et des cendres. Plusieurs aussi étaient vides, ou n'ont été trouvés remplis que du sable même du champ dans lequel ils ont été enfouis.

Deux petites coupes, de forme assez élégante, semblables à celles extraites en si grand nombre des fouilles du grand cimetière d'Orléans (1), sont représentées sous les n°s 12 et 13 de la planche 5. Elles ont été fort altérées pendant leur séjour dans la terre; elles portaient au fond le nom du fabricant, qui est entièrement effacé. A cette occasion, nous devons consigner ici que nous avons ramassé dans les débris du cimetière antique de Gièvres un fragment de fond de vase, sur lequel on lit le mot ROMVLVS.

La figure 6 de la planche 5 présente un de ces vases auxquels nous avons donné plus particulièrement le nom d'urnes cinéraires, à cause des os brûlés et des cendres que nous y avons presque toujours trouvés; mais celle dont il est ici question est fermée par un couvercle. Il est assez probable qu'il en était ainsi du plus grand nombre d'urnes que nous avons signalées; car les fouilles ont donné beaucoup de ces couvercles, en même temps que des plats et assiettes en poterie fort grossière, dont nous ne produisons pas ici les dessins parce que leur forme est bien connue.

Les fouilles de Gièvres nous ont procuré une grande quantité de vases de la forme de ceux représentés sur la planche 5, figures 6 et 7. Ils sont tous de cette poterie légère, à demi cuite et perméable à l'eau, que nous avons déjà signalée; leur couleur est plus ou moins rosée à l'extérieur; ils ont tous été trouvés vides; il y en a de toutes les grosseurs. Les plus forts ont dix-neuf centimètres

---

(1) Voir le rapport inséré aux Annales sur le mémoire intitulé *Recherches sur les antiquités de l'ancien grand cimetière d'Orléans*, par M. Alex. Jacob, tome VIII, pag. 241. Ce mémoire n'a pu encore être livré à l'impression, malgré le vœu émis par la Société, à cause de la dépense qu'entraînerait l'exécution des planches qui l'accompagnent.

de hauteur, et leur circonférence, à l'endroit du plus grand renflement, est de soixante centimètres.

Le n° 6 de la planche 4 offre le dessin d'un petit vase d'une jolie forme, dont la destination est difficile à deviner, à moins qu'il ne contint des parfums. Il est de couleur noirâtre ou bistrée, doux et onctueux au toucher à l'extérieur.

Le vase de la figure 8, planche 3, est d'une poterie très-commune, et d'une forme peu élégante.

Si les lacrymatoires (1) étaient véritablement en usage dans les funérailles des anciens, et s'il est vrai que l'on recueillît dans des vases les larmes que des pleureuses à gages répandaient à la mort des personnages de distinction, la petite fiole de verre représentée sous le n° 9 de la planche 3, doit avoir été un lacrymatoire; ses petites dimensions permettent de croire à une semblable destination. Cette autre petite fiole dessinée sous le n° 10, même planche, aurait été destinée à un même usage. La première est d'un verre tirant sur la couleur verte, et l'autre est d'une couleur tout-à-fait blanche (2).

(1) Consulter l'Encyclopédie méthodique pour connaître les opinions de M. Mongez sur les vases lacrymatoires. Ces opinions sont combattues par MM. Alexandre Lenoir et Grivaud, dans des notices et des mémoires intéressans, insérés dans la Collection des mémoires de l'Académie celtique, tome III, pag. 337, et tome IV, pag. 115.

(2) Nous avons trouvé, dans le cimetière antique de Soings, en Sologne, des débris nombreux de verre provenant d'urnes qui avaient renfermé des cendres. En général ces fragmens sont d'un verre de couleur verte; ils sont très-épais; la plupart sont lisses; mais d'autres ont, à l'extérieur, des ornemens de feuilles d'arbres et de plantes fort en relief. Il y a tout lieu de croire que ces urnes de verre étaient coulées dans un moule. Nous avons ramassé à Soings des fragmens d'un verre de couleur topaze. M. Moreau a donné à M. Pellieux, de Beaugency, une urne en verre vert, provenant de Soings, d'une conservation parfaite; elle est de forme sphérique, présentant un large orifice.

D'après la nature des débris du cimetière de Soings, on peut juger que des personnes de distinction y ont été inhumées. Nous n'avons passé sur ce cimetière que quelques heures seulement. C'est bien peu de temps pour un lieu fort remarquable, et qui mérite à un haut degré l'attention des archéologues. Aussi n'avons-nous pu y faire d'observations bien importantes. Nous avions entendu dire que le cimetière antique de Soings, sur lequel l'attention des amateurs s'était uniquement portée, était, dans l'antiquité, un lieu de sépulture privilégié où l'on se faisait transporter de très-loin dans un esprit de dévotion. Un collège de prêtres était, disait-on, chargé du soin des sépultures. Nous conviendrons que cette explication était loin de nous satisfaire, et nous pensions qu'une ville devait être nécessairement située dans le voisinage du cimetière. Nous nous proposions donc de retourner sur les lieux pour les explorer plus en détail, et rechercher l'emplacement de la

Tous les vases que nous venons de décrire proviennent des fouilles que nous avons fait exécuter nous-même sur les lieux. M. le docteur Moreau a, dans son cabinet, une collection de vases analogues, qui s'élève à plus de cent, et qui se font remarquer autant par la différence de forme que par les ornemens dont quelques-uns d'entre eux sont décorés. Nous avons dessiné les plus curieux.

Celui représenté figure 5, planche 4, a quelque analogie de forme avec les vases que nous avons décrits figures 1 et 2 de la planche 3; il est, comme ceux-là, d'une poterie légère avec un vernis de couleur rosée.

Le vase représenté sous le n° 4 de la planche 4 est à deux anses et ne manque pas d'une certaine élégance. Il est d'une terre blanchâtre, qui ne paraît avoir reçu qu'une demi-cuisson; il a une hauteur de treize centimètres, et sa circonférence, à l'endroit le plus renflé, est de vingt-neuf centimètres.

Le n° 3 de la planche 4 offre une forme assez bizarre par l'ajustement de son goulot, qui semble être un vase à deux anses enté sur un autre vase; il est de couleur bistrée.

La figure 10 de la planche 4 montre un vase à une seule anse d'une forme gracieuse, et dont le mérite est rehaussé par des espèces de palmes ou de feuilles qui y sont appliquées en relief dans la partie supérieure. Au-dessus de ces feuilles est une rangée de perles et quatre filets qui augmentent encore la richesse de l'ornement. Ce vase est d'une couleur mélangée de blanc et de bistre.

Un vase tout-à-fait analogue au précédent est représenté sous le n° 8 de la planche 4. Au lieu d'un rang de feuilles il offre un agencement de fleurs. Une rangée de feuilles existe à la partie la plus renflée du vase; et, à la naissance du goulot, on remarque une espèce de collier formé d'anneaux contigus. La couleur extérieure de ce vase est d'un bistre foncé.

Le n° 9 de la planche 4 offre le dessin d'une fiole en verre d'un beau bleu clair. Le verre ne laisse pas d'avoir une certaine épaisseur. Était-ce un lacryma-

ville, dont l'existence, dans notre opinion, ne pouvait être douteuse, lorsque nous eûmes l'occasion de voir à Blois M. de la Saussaye, archéologue très-versé dans la connaissance des antiquités de tout le Blaisois. Nous lui exposions nos idées, lorsqu'il nous annonça qu'il avait reconnu l'emplacement de l'ancienne ville qui alimentait le cimetière de Soings aux mêmes caractères auxquels nous avons reconnu nous-même celui de l'ancienne Gabris (Voir ci-après, pag. 82 et suivantes). Nous avons donc renoncé aussitôt à nos projets d'exploration des antiquités de Soings, et nous nous bornons à émettre le vœu que M. de la Saussaye fasse bientôt jouir le public des recherches qu'il a faites, et des renseignemens précieux qu'il a recueillis sur cette localité remarquable.

toire? Sa hauteur est de treize centimètres, et sa circonférence, dans l'endroit le plus large, a vingt-sept centimètres. Cette fiole n'a été trouvée remplie que de sable. Elle est représentée sur la planche, ainsi que tous les autres vases, à moitié de sa grandeur naturelle.

La figure 2 de la planche 4 présente une coupe d'une très-jolie forme de couleur noirâtre. Sa partie inférieure est ornée de guillochis qui produisent un fort bon effet. C'était sans doute un vase à boire.

Le n° 7 de la planche 4 donne le dessin d'un petit pot dont la forme se rapproche tout-à-fait de celle des vases appelés *canopes*, que l'on voit représentés dans les scènes d'embaumemens des bas-reliefs de l'ancienne Egypte. On sait que chez les Egyptiens la destination de ces vases était de recevoir les matières destinées aux embaumemens, et même les entrailles embaumées des morts. Ce petit vase aurait-il eu une destination analogue? Sa surface extérieure a un vernis noirâtre et onctueux au toucher.

La collection de M. le docteur Moreau renferme une grande quantité d'autres vases, ainsi que nous l'avons dit. Nous ferons ici mention d'une petite coupe en terre rouge, de six centimètres environ de diamètre, au fond de laquelle on lit : DANO (DANI OFFICINA); d'une petite fiole en verre bleu, analogue à celle que nous avons décrite, à gros renflement et à col court, d'une conservation parfaite et de la hauteur de cinquante-cinq centimètres.

Nous devons citer aussi plusieurs gobelets de forme cylindrique, avec des enfoncemens, au nombre de six, à la surface extérieure, qui paraissent avoir été pratiqués exprès pour les mieux tenir. Ils ont huit, onze et douze centimètres de hauteur, et sont d'une grande légèreté ; leurs parois ont très-peu d'épaisseur ; leur couleur est rougeâtre à l'extérieur et blanchâtre à l'intérieur.

La collection de M. Moreau renferme plusieurs coupes de poterie rouge avec un vernis brillant, de forme tout-à-fait semblable aux vases trouvés dans le grand cimetière d'Orléans. Au fond de l'une de ces coupes on lit : ORVMO (ORVMI OFFICINA). Les autres portent aussi des noms, mais ils sont tellement effacés qu'il est impossible de les lire. Cette même collection offre des vases de terre rougeâtre, ayant la forme d'encriers, tels qu'on en fabrique aujourd'hui dans nos manufactures de porcelaine.

Médailles trouvées dans les fouilles.

Nous avons trouvé dans les fouilles de Gièvres plusieurs médailles, deux entre autres de Claude, assez bien conservées. Elles présentent, au revers, une figure debout, casquée, ayant un bouclier passé dans le bras gauche et tenant une haste de la main droite. La figure est drapée, de chaque côté sont les sigles s c.; l'exergue, bien conservé, est celui que nous avons déjà cité. Quatre autres médailles sont tellement frustes par l'effet de la rouille, qu'il est impossible d'en reconnaître les faces et les revers.

M. Moreau possède dans sa collection un Claude portant au revers une figure debout avec l'exergue LIBERTAS AVGVSTA; trois autres médailles de Claude, semblables à celle que nous venons de décrire, un Vespasien, deux Constantin, un Gordien et une médaille de la colonie de Nimes.

Il est assez digne de remarque que le plus grand nombre des médailles trouvées dans le cimetière antique de Gièvres est au type de Claude, d'où l'on peut inférer avec beaucoup de probabilité, que la portion de ce cimetière que nous avons explorée a servi aux inhumations plus particulièrement à l'époque du règne de cet empereur.

D'après tout ce qui vient d'être exposé, nous avons évidemment exploré à Gièvres un cimetière antique de l'époque des Romains (1). Mais un pareil établissement n'a pu devoir son existence qu'à une population probablement située dans son voisinage. Nous avons donc recherché dans les environs de Gièvres les vestiges de l'ancienne ville qui a dû l'alimenter. On nous signalait, à l'ouest de Gièvres, la commune de Villedieu, sous la dénomination de *Théopolis*, comme renfermant des vestiges d'antiquité; mais ayant parcouru ce village, nous n'y découvrîmes aucuns débris antiques. Des gens du pays prétendaient y avoir trouvé des médailles. Elles nous furent montrées, et nous n'y reconnûmes que des petits poids très-modernes. Nous dûmes donc porter nos recherches ailleurs.

---

(1) Pour donner plus de poids à cette conséquence, nous croyons à propos de renvoyer à une notice fort intéressante de M. F. Jouannet, archéologue très-distingué, sur les sablières de Terre-Nègre, dont il est fait mention dans le compte rendu des travaux de l'Académie royale des sciences, belles-lettres et arts de Bordeaux, pour l'année 1826. L'auteur établit que ces sablières renfermaient un cimetière de l'époque romaine : c'était celui des Bituriges-Vivisques. On y a trouvé des objets parfaitement analogues à ceux que nous ont fournis les fouilles du cimetière de Gièvres, si ce n'est que ces objets étaient en beaucoup plus grand nombre, et qu'il s'en est rencontré de bien plus précieux. Une grande quantité de vases, en effet, étaient ornés de fleurs, de danses, de folies modelées avec un fini précieux. Beaucoup d'urnes en verre de couleurs variées, vertes, jaunes, rouges, violettes, d'une teinte très-pure, sont sortis des fouilles des sablières de Terre-Nègre. On en a extrait en outre des vases de terre rouge portant imprimé sur le fond le nom du fabricant, des phallus, des fibules, des clés de bronze, des miroirs, des clous, des attaches, des débris d'armes en fer, etc.

Emplacement et ruines de l'antique Gabris.

En interrogeant les gens de la campagne, nous apprîmes que dans les vignes situées au nord du cimetière antique on trouvait assez fréquemment des médailles : on nous en présenta même quelques-unes. Nous allâmes donc visiter ces lieux, et nous ne fûmes pas peu surpris d'y trouver une grande quantité de débris de ces tuiles romaines à rebord qui servaient à la couverture des édifices ; mais en sortant des vignes, et en avançant vers le nord-est, nous aperçûmes un terrain, alors planté en pommes-de-terre, qui était pour ainsi dire jonché de débris de tuiles à rebord, et de ces grandes briques que l'on employait soit à former des assises régulières et alternatives avec de petits moellons cubiques, dans la construction des murs, soit à paver les aires des habitations, et notamment les salles de bains. Au milieu de tous ces débris, on trouve aussi des restes de ces tuiles creuses qui recouvraient les tuiles plates à l'endroit où elles étaient juxtaposées, des fragmens de tuyaux en terre cuite de forme rectangulaire, employés à la conduite des eaux ou de la chaleur. Les faces extérieures de ces tuyaux sont sillonnées de raies faites exprès pour établir une forte liaison avec le mortier.

Ce même emplacement montre encore un assez grand nombre de culs d'amphores et des anses de ces mêmes vases. Les gens du pays y ayant fait une fouille avec l'intention d'y rouvrir un ancien puits, on a mis à découvert quelques tuiles entières, d'une conservation parfaite. La forme en est trop connue pour les décrire ici en détail. Nous avons remarqué qu'en faisant cette fouille on a percé la fondation d'une construction antique, ou plutôt l'aire d'une salle, consistant en une forte couche de béton, dont nous avons vu toute l'épaisseur. Nous avons aussi remarqué une pierre portant une corniche formée par une doucine.

De nombreux fragmens existent de tous les côtés autour du champ de pommes-de-terre. En s'en éloignant, on voit diminuer successivement ces débris, de telle sorte que l'on pourrait, pour ainsi dire, assigner les limites de l'emplacement de la ville. Les gens du pays nous ont assuré qu'on trouve en cet endroit beaucoup de médailles. Ils parlent aussi de meules de moulins à bras qu'ils auraient découvertes, et que, vu leur petite dimension, qui est ordinairement de cinquante centimètres de diamètre, ils prennent pour des moulins à moutarde. D'après les indications qui nous ont été données, la pierre de ces meules était poreuse et formée d'une agglomération de cailloux (1).

(1) Ayant eu l'occasion de visiter de nouveau les ruines de Gièvres le 11 août 1829,

On a peine à concevoir comment une ville a pu être ainsi ruinée de fond en comble ; car elle a été, dans toute la rigueur du terme, ramenée au niveau du sol par le soc de la charrue. Cependant nous ne doutons pas que des fouilles ne missent à découvert des portions de murs et des restes d'édifices, dont, sans doute, les fondations n'ont pas été détruites. Il est à présumer que ces ruines ont été exploitées pour les constructions des villages environnans (1).

Mais à quelle époque cette ville a-t-elle été détruite ? c'est ce qu'il sera probablement fort difficile d'établir. Quant à son cimetière, tel que nous l'avons trouvé, il est très-probable qu'on a cessé d'en faire usage à l'époque où l'on a cessé de brûler les corps. Or, il est généralement reconnu que cet usage (2) a fini entre les dernières années du quatrième siècle et le commencement du cinquième. Il est possible toutefois que cette coutume ait été suivie quelques années encore au-delà, tant les habitudes ont de force et d'empire, mais ce n'a dû être que rarement et en secret.

Nous avons fait voir précédemment que le cimetière antique de Gièvres servait aux inhumations sous l'empereur Claude, dont le règne a commencé à la 41ᵉ année du premier siècle de l'ère chrétienne. Ainsi il a pu servir pendant au moins trois cents ans. Il faut d'ailleurs se rappeler qu'on y a trouvé, ainsi que nous l'avons dit, des médailles de Constantin.

La ville ancienne dont nous venons de signaler les vestiges était dans une fort belle situation. Assise sur le plateau qui domine le Cher, elle formait pour ainsi dire la limite des plaines arides de la Sologne et de la riante et belle vallée qu'arrose le Cher. La route de Bourges à Tours passe sur la crête du coteau. Quoiqu'elle ait été une voie romaine (3) indiquée, ainsi que nous l'avons dit, dans la table de Peutinger, elle n'offre toutefois rien de remarquable dans le canton de Gièvres. Elle est en effet en terrain naturel, formé d'un sable assez solide, et mêlé de quelques cailloux rougeâtres analogues à ceux que roule le Cher. Il ne faut

---

nous avons retrouvé un fragment assez considérable de l'une de ces moules, parfaitement conforme à la description que nous venons de donner.

(1) Dans la nouvelle visite que nous avons faite de ces ruines, en 1829, nous avons trouvé comblées toutes les fouilles qui existaient en 1826 et 1827. Probablement les propriétaires du sol n'avaient plus besoin d'extraire de la pierre, et ils ont rempli les fouilles pour le rendre à la culture.

(2) Consulter à ce sujet un savant mémoire de M. Grivaud sur l'usage des vases appelés lacrymatoires, tom. IV des Mémoires de l'Académie celtique, pag. 115.

(3) Voir l'extrait de la carte routière de France dressée à l'administration des ponts-et-chaussées, joint à ce mémoire, planche 1ʳᵉ.

pas croire d'ailleurs que toutes les voies romaines fussent construites avec le luxe pour ainsi dire, qu'on remarque dans un assez grand nombre d'entre elles. Les Romains faisaient en général usage des matériaux qu'ils avaient sous la main. Ils en employaient de gros et de menus, suivant les circonstances. Mais lorsqu'il se présentait des passages difficiles, des terrains qu'il fallait consolider, ou des marais à traverser, c'est alors qu'ils faisaient des efforts plus extraordinaires, et qu'ils employaient toutes les ressources de l'art et de leur puissance.

Quelle a donc été la ville qui a existé aux lieux que nous venons de décrire? La table théodosienne ou de Peutinger peut répondre à cette question. On y trouve ainsi indiquées les stations sur la route de Tours à Bourges:

Cæsaroduno XXII, *Tassiaca*..., *Gabris* XXIIII *Avaricum*.

La distance entre *Gabris* et *Tassiaca* est omise.

Dans le voisinage du lieu que nous avons exploré, mais au-delà du Cher, sur la rive gauche, est le village de Chabris, qui offre une grande analogie de nom avec l'antique *Gabris*, et c'est sans doute cette analogie qui a déterminé l'auteur des Éclaircissemens géographiques sur l'ancienne Gaule à placer (1) *Gabris* à Chabris, sur la carte qu'il a dressée pour l'intelligence de ses dissertations sur *Genabum* et *Bibracte*; mais Chabris est sur la rive gauche du Cher et ne se trouve point sur la route de Tours à Bourges. L'emplacement des ruines que nous avons décrites est au contraire sur cette route, qui longe la rive droite du Cher. On peut donc, avec beaucoup de probabilité, le considérer comme ayant appartenu à *Gabris*, et il n'y a pas de doute que si d'Anville l'eût connu, il n'y eût fixé la position de cette ancienne ville. Mais d'ailleurs nous allons voir notre opinion confirmée par la coïncidence des distances entre les stations anciennes prises sur les cartes modernes et sur la table de Peutinger. En prenant ces distances sur la carte itinéraire (2) dressée à l'administration des ponts-et-chaussées, on les trouve ainsi qu'il suit:

De Tours 2500 t. *Thésée* 1500 t. *Chabris* 32,500 t. *Bourges*. Les mesures de la table théodosienne sont des lieues gauloises que d'Anville évalue à 1133 toises un quart chaque, ainsi qu'il l'établit dans son *Traité des mesures itinéraires des Romains et de la lieue gauloise*, mis en tête des Éclaircissemens géographiques sur l'ancienne Gaule. A ce compte, les distances ci-dessus de la table théodosienne peuvent être ainsi traduites en toises:

Cæsaroduno 24931 t. *Tassiaca*...., *Gabris* 27198 t. *Avaricum*. Les distances

(1) et (2) Voir l'extrait de la carte routière de France, joint à ce mémoire, planche 1re.

de Tours à Thésée, et de *Cæsarodunum* à *Tassiaca*, offrent, on peut dire, une parfaite coïncidence ; mais il n'en est pas ainsi des distances de Chabris à Bourges, et de *Gabris* à *Avaricum*, qui diffèrent de 5300 toises. Cependant, nonobstant cette anomalie de distance pour la position de Gabris, les deux stations romaines de *Tassiaca* et de *Gabris* ont laissé sur les lieux des traces si évidentes de leur ancienne existence, que l'on ne peut avoir aucun doute sur leur position géographique. Nous avons administré des preuves pour *Gabris*, et nous pouvons en donner pour *Tassiaca*, bien que nous ne l'ayons pas visitée. Nous avons obtenu en effet, sur cette position antique, les renseignemens les plus positifs. Indépendamment de l'analogie frappante des deux noms de *Thésée* et de *Tassiaca*, nous savons que Thésée renferme des ruines de l'époque romaine, qu'il y existe des murs et des constructions de cette époque, et qu'on y recueille beaucoup de médailles, des fragmens de poterie rouge, et divers autres objets antiques.

On pourrait peut-être penser que le manque de coïncidence dans la distance de *Gabris* et d'*Avaricum*, prise sur les cartes modernes et sur la table Théodosienne, disparaîtrait au moyen d'une autre évaluation de la lieue gauloise. Mais il faut considérer que les 1133 toises un quart adoptées par d'Anville reproduisent avec une exactitude on peut dire parfaite la distance de *Cæsarodunum* à *Tassiaca*; que cette exactitude se retrouve dans la plus grande partie des itinéraires consignés sur la table de Peutinger. Nous pouvons, en effet, en citer un exemple frappant, sans trop nous écarter des lieux qui nous occupent : ce sont les 51 lieues gauloises marquées entre *Cæsarodunum* (Tours) et *Genabum* (Orléans). Cette distance, évaluée d'après d'Anville, représente 57,796 toises; mesurée sur la carte des ponts-et-chaussées, elle est de 57,500 toises. La différence de ces mesures est si peu considérable qu'elle doit être considérée comme nulle.

Mais d'ailleurs, si l'on voulait avoir recours au moyen très-commode d'une altération de texte, pour expliquer la différence qui existe entre les cartes modernes et la table de Peutinger pour la distance de *Gabris* à *Avaricum*, il serait facile de proposer une restitution qui ne manquerait pas de vraisemblance. En effet, si au lieu de xxiiii que porte la table de Peutinger, on lisait xxviii, on aurait 31,731 toises, qui ne diffèrent pas sensiblement de 32,500 toises, distance effective entre Chabris et Bourges. Or, cette altération de v en i se conçoit très-facilement. Nous n'insisterons pas toutefois sur le mérite d'une pareille correction.

L'autorité de l'auteur des Éclaircissemens géographiques sur l'ancienne Gaule, qui place l'antique *Gabris* à Chabris, était suffisante pour nous déterminer à visiter ce lieu dans le but de nous assurer s'il offrait quelques restes d'antiquités. Suivant la Notice de la Gaule, par M. de Valois, Chabris a pris son nom des ponts qui existaient sur le Cher. Il est nommé *Carobriæ* dans le livre *de Miraculis S. Austregesili*, et *Vicus Carobriæ* dans les lettres de l'abbé Léodebode, rapporté par Helgaud, moine de Fleuri : *Bria enim, vel Briva, gallicâ linguâ pontem significat. Sunt itaque Carobriæ pontes ad Carum.* Tel est le texte de M. de Valois, pag. 85 de sa Notice de la Gaule. Aujourd'hui ces ponts n'existent plus, le Cher paraît avoir éprouvé d'ailleurs de grandes variations dans son cours, et, d'après l'inspection des lieux, il est très-probable qu'il était plus rapproché qu'aujourd'hui de l'emplacement de Gabris, et qu'il baignait de ce côté le pied du coteau.

Description des antiquités que présente l'église de Chabris.

Le village de Chabris n'offre, en antiquités, rien qui annonce l'époque des Romains, et c'est en vain que nous avons cherché des ruines semblables à celles trouvées sur l'emplacement que nous avons assigné à l'antique *Gabris*; mais il renferme une église dont quelques parties sont fort anciennes et pourraient remonter jusqu'aux quatrième ou cinquième siècles de l'ère chrétienne. Son plan a la forme d'une croix latine; le bras gauche de la croix présente à sa face extérieure deux croisées en plein cintre, formées de longs claveaux terminés par une archivolte. Sur cette face on remarque des pierres décorées de sculptures d'un très-mauvais travail, parmi lesquelles on distingue un taureau et un scorpion, ce qui fait présumer qu'elles représentent des signes du zodiaque (1); mais, hormis ces deux figures, toutes les autres sont difficiles à distinguer, tant le travail en est fruste et mauvais. Ces pierres sculptées, qui sont en petit nombre, nous ont paru provenir d'anciens édifices détruits.

Sur le côté opposé du même bras gauche de la croix, on remarque deux pierres encastrées dans la muraille. L'une montre deux figures de moines ou de saints du plus mauvais travail. Elles sont écourtées et d'un style barbare; elles sont placées entre deux palmes. L'autre pierre offre trois anges avec des ailes placées derrière leur corps, qu'elles embrassent en entier, et qu'on ne peut

(1) Il n'est pas inutile de faire observer ici que l'on remarque de semblables sculptures sur les murs extérieurs de l'église de la célèbre abbaye de Saint-Benoist-sur-Loire, édifice très-remarquable et d'une haute antiquité, sur laquelle un savant prélat a fait des recherches très-importantes et fort curieuses, qu'il serait très-désirable de voir publier.

mieux comparer qu'à des ailes de moulin à vent. Ils sont d'un aussi mauvais travail que les figures de saints dont nous venons de parler.

Sur le mur extérieur de la portion de l'église qui fait le haut de la croix, toujours au côté gauche, on remarque une pierre sur laquelle est sculptée une espèce d'animal chimérique, ayant quelque ressemblance avec la salamandre. On voit aussi encastrée dans la muraille une pierre taillée en forme de reliquaire, tel qu'on les faisait au cinquième et au sixième siècles. C'était un parallélipipède surmonté d'un toit dont la pente est très-rapide. Le bas est formé de pierres cubiques au milieu desquelles est tracé un cercle. Il nous a paru évident que ces diverses pierres n'ont point été préparées pour l'édifice dont elles font aujourd'hui partie.

Sur le mur extérieur, à droite du haut de la croix, il existe une croisée en plein cintre, formée de longs claveaux bien détachés par leurs joints et entourés à l'extérieur d'une archivolte très-ornée. A la naissance du cintre, on voit dans le mur une rangée de pierres formant une sorte de frise, et dans lesquelles on a tracé quatre arcs de cercle qui présentent leur convexité à l'intérieur et se réunissent aux angles de la pierre.

Nous avons encore remarqué sur les murs extérieurs de l'église des corniches ornées de damiers alternativement saillans et creux.

Ces fenêtres en plein cintre, avec des claveaux bien dessinés, annoncent l'architecture romane, celle qui était en usage aux cinquième, sixième et septième siècles. Ainsi les diverses parties de l'église de Chabris, que nous avons signalées, peuvent remonter à ces époques fort reculées; mais toutes les parties supérieures de cet édifice, montrant partout l'ogive, ne peuvent qu'être de temps très-postérieurs.

L'église de Chabris est sous l'invocation d'un saint qui jouit de temps immémorial d'un grand renom dans toute la contrée; elle est consacrée à saint Phallier. Ce saint est invoqué pour la multiplication et la conservation de l'espèce humaine; les femmes y font des pèlerinages dans ce but. Les malades des deux sexes affluent à Chabris, et notamment les enfans affectés de maladies de langueur. Pour se guérir ils avalent un breuvage dans lequel on jette de la râclure de la pierre employée à la construction de l'église. Nous avons reconnu, en effet, que les contreforts extérieurs de cet édifice portent des marques profondes et multipliées de la dévotion des fidèles; mais c'est dans une petite chapelle souterraine et fort obscure, située derrière le maître-autel, que l'on va plus particulièrement implorer l'assistance du saint. On y descend par un escalier droit et très-étroit pratiqué dans l'épaisseur de la muraille. A l'extrémité de cet escalier, composé d'une vingtaine de marches, on entre à gauche dans la chapelle, dont le plafond très-bas est porté par deux arcs en plein cintre. L'intervalle qui sépare ces deux arcs est rempli par des voûtes d'arrête en ogive. Un autel adossé au mur de fond est surmonté par une statue de saint Phallier, d'un très-mauvais travail. A la droite de l'autel est une petite porte qui conduit à un réduit encore plus étroit et plus obscur. On descend quelques marches pour arriver jusqu'au sol. Un sarcophage en pierre, dont la forme annonce qu'il peut dater des cinquième ou sixième siècles, est encastré par un bout dans la muraille du fond, et repose de l'autre sur une espèce de pilier creux à trois faces seulement. C'est dans ce sarcophage qu'on dépose les enfans malades et languissans, pour la guérison desquels on vient intercéder saint Phallier. Il a été gratté assez profondément à plusieurs endroits pour former le breuvage salutaire dont nous avons déjà parlé.

Louis XI, qui fut grand roi, mais qui porta la superstition à un haut degré, eut, dit-on, recours, dans sa dernière maladie, à la puissance de saint Phallier. Ne pouvant se transporter lui-même à Chabris, il aurait envoyé de son château du Plessis-les-Tours, près du saint, une ambassade avec de riches présens. Les traditions ne disent pas si on lui rapporta de la râclure des pierres de la grotte miraculeuse, mais il paraît que saint Phallier, pas plus que saint Vincent de Paule, ne se soucia de faire un miracle pour arracher le roi à la loi commune. Louis XI mourut peu de temps après avoir fait implorer l'intercession de saint Phallier (1).

Nous ne terminerons pas ce mémoire sans faire remarquer l'analogie du nom de saint Phallier avec celui de l'emblème de la fécondité, auquel les païens vouaient un culte pour ainsi dire universel. Cette analogie ne nous paraît pas

(1) L'histoire ne fait pas une mention expresse de Chabris et de saint Phallier, mais elle rapporte que le roi donna de bien grandes sommes de deniers en diverses églises de son royaume. La renommée de saint Phallier, le voisinage de l'église de Chabris du château du Plessis-les-Tours, ne permettent pas de douter qu'elle n'ait eu part aux largesses du roi. La tradition s'en est d'ailleurs conservée dans le pays. Voici au reste à ce sujet l'extrait de l'histoire de Louis XI, autrement dite la chronique scandaleuse écrite par un greffier de l'hôtel-de-ville de Paris :

« Au dit tems le Roi, qui avoit été malade à Tours, s'en partit du dit lieu de Tours,
« et s'en alla à Touars, où aussi y devint très-fort malade, et y fust en très-grand
« dangier de mort. Pourquoi et afin de recouvrer sa santé, envoya faire maintes offrandes,
« et donner de bien grandes sommes de deniers en diverses églises de royaume, et
« fist de grandes fondations. etc. » (Suit l'énumération de ces fondations.)

4

être l'effet du hasard. L'antiquité du culte établi à Chabris nous porte à penser que, dans les premiers siècles du christianisme, on jugea à propos, pour faire adopter les nouvelles croyances, de conserver une partie des idées du paganisme (1), et l'on a fort bien pu transformer le nom d'une divinité païenne en celui d'un saint. C'était une concession obligée, une transition nécessaire pour arriver à des croyances plus épurées et plus convenables à la dignité de notre religion.

(1) Nous croyons à propos de citer ici un passage d'un article curieux inséré dans la Revue encyclopédique, année 1826, tom. 11, pag. 311, et ayant pour titre : *Des dragons et des serpens monstrueux* qui figurent dans un grand nombre de récits fabuleux ou historiques.

« Le culte public, dit l'auteur, M. Eusèbe Salverte, se passe difficilement de signes
« visibles et remarquables; par eux, au milieu d'un rassemblement tel que la parole
« arriverait à peine aux oreilles de quelques hommes, il parle aux yeux de tous, il
« parle à l'un des penchans naturels les plus universels. La multitude alors se com-
« plaît dans la magnificence de ses actes religieux, et ne croit pas pouvoir trop multi-
« plier ses images.
« Cela dut arriver au christianisme, lorsque, sur les débris du polythéisme, il établit
« publiquement ses temples et son culte. Le progrès fut d'autant plus rapide que,
« succédant à une religion riche de pompes et d'emblèmes, la religion du Christ dut
« craindre de repousser, par une simplicité trop sévère, des hommes habitués à voir, à
« toucher ce qu'ils croyaient, ce qu'ils adoraient. Plutôt que de proscrire imprudem-
« ment les objets d'une vénération difficile à détruire, elle aima souvent mieux se les
« approprier : plus d'un temple fut changé en église; plus d'un nom de divinité fut
« honoré comme le nom d'un saint; et un grand nombre d'images et de légendes pas-
« sèrent sans effort dans le nouveau culte, conservés par l'antique respect des nou-
« veaux croyans. »

Il n'est pas hors de propos de citer encore ici l'opinion du célèbre Winckelman.
« On connaît, rapporte-t-il, la grande urne de porphyre du musée Clémentin, qui ren-
« fermait originairement le corps de sainte Constance, fille de Constantin. On y a figuré
« une vendange et un pressurage de raisins. De petits génies ailés sont également occupés
« de ce travail. »

A l'époque où ce monument a été sculpté, la religion chrétienne n'était pas encore entièrement purgée des usages païens, et on ne se faisait pas scrupule de mêler le sacré au profane. (Histoire de l'art, tom. II, pag. 494.)

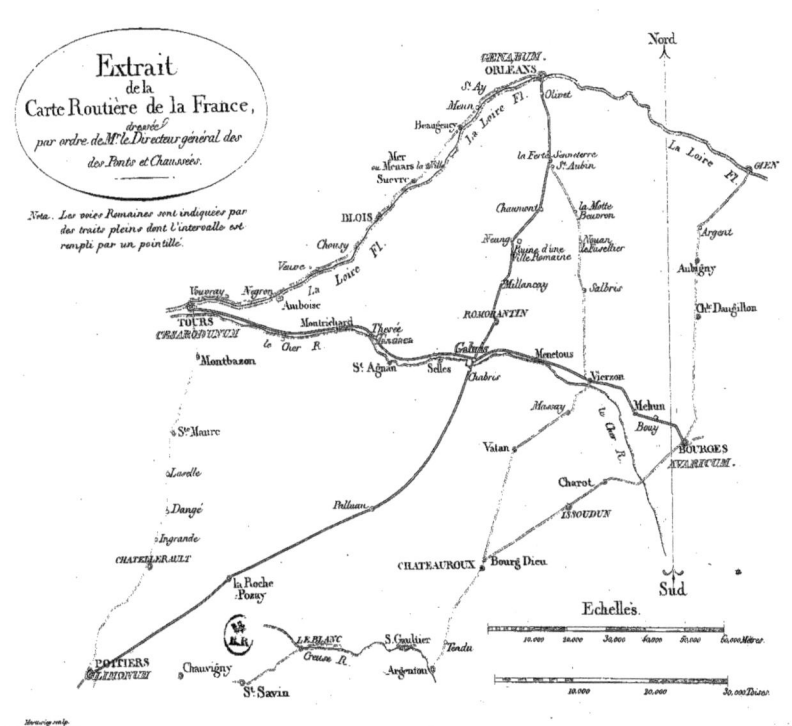

Pl.2.

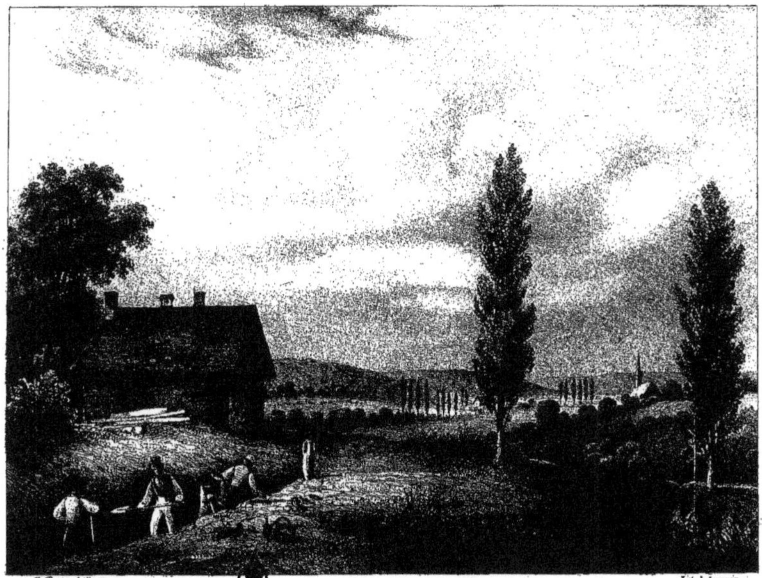

Ch. Pensée 19 Juillet 1830 — Lith. de Lemercier

VUE DE GIÈVRES,

et du Cimetière Romain de Gabris.

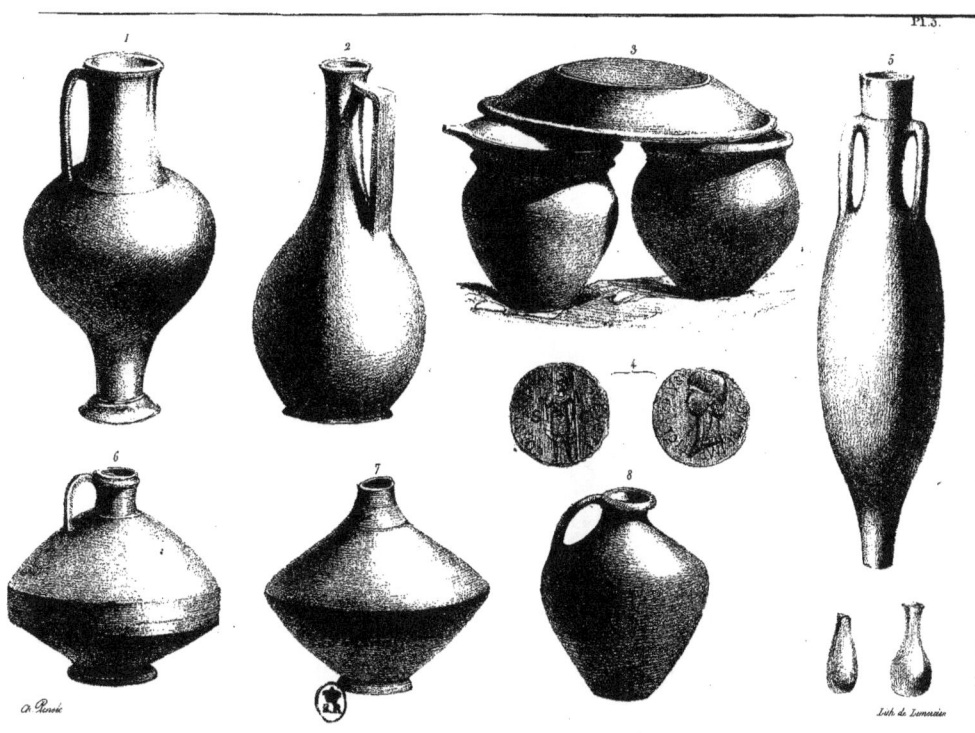

Vases provenant des Fouilles du Cimetière Romain de Gabris.

Vases provenant des Fouilles du Cimetière Romain de Gabris.

Vases provenant des Fouilles du Cimetière Romain de Gabris.

www.ingramcontent.com/pod-product-compliance
Lightning Source LLC
Chambersburg PA
CBHW061014050426
42453CB00009B/1427